RUMOR SEDOSO DE PÁRPADOS

Nikos A. Pulinakis

RUMOR SEDOSO
DE PÁRPADOS

Traducción
José Antonio Moreno Jurado

EL ÁRBOL DE LA LUZ
55
ΤΟ ΦΩΤΟΔΕΝΤΡΟ

Padilla Libros Editores y Libreros
Sevilla 2024

C O L E C C I Ó N
P O É T I C A
D E A U T O R E S G R I E G O S
C O N T E M P O R Á N E O S
E L Á R B O L D E L A L U Z
T O Φ Ω Τ Ο Δ Ε Ν Τ Ρ Ο
N.º 55

Título original: *Μεταξένια βουή βλεφάρων*

© de los poemas: Nikos A. Pulinakis
© de la traducción: José Antonio Moreno Jurado
© de la presente edición: Padilla Libros

ISBN: 978-84-8434-827-6

D. Legal: SE 799-2024

1.ª impresión, marzo de 2024

Padilla Libros Editores y Libreros
C/ Trajano n.º 18
41002 Sevilla (España)
editorial@padillalibros.com

A la Katerina de mi vida

VIDA INSOSTENIBLE

«Mi vida es insostenible,
abuelo cielo.
Tengo tanto frío...»,
dije temblando inexplicablemente.
«No te desesperes, dentro de poco
se calentará tu huesito»,
me respondió, nublado.
Tenía razón. Apenas subió
al escenario del mundo
como artista real.

INTRANSITABLE

No lo digáis a nadie.
Nervioso tiré lejos
de la clase de enseñanza
un cielo espacioso.
Era siempre intransitable.

LLAMA SILENCIOSA

Ah, cuánto quiero
tocar otra vez
sus antiquísimas heridas.
Para que la sangre de su corazón me agite.
Ah, cuánto quiero
aprender a leer
la consonancia de sus dolores.
Y ser lira sin arco.
Y convertirme en llama silenciosa.

DERRAMAMIENTO DE SANGRE

Señor Chejov, mis respetos.
Bienvenido a mi barrio.
Sin embargo, lo siento, tardasteis.
¿Recuerda? No me creyó Ud.
Sin embargo, os lo había dicho.
Un día registraré
el derramamiento de su amor.
Eh, entonces, lo conseguí. ¿Cómo?
Deshuesando cuidadosamente
el valioso archivo
de sus acepciones en vela.

DE PRONTO

De pronto extiende
las raíces de sus ojos
en mi cerebro.
Y florezco como día de redención
de mirlo cazado
que encontró una fuentecilla oculta.
Y como locura del adolescente
torero de Pamplona
con gran experiencia en indisolubles
sueños de la luna llena.

RESURRECCIÓN

Con increíble ternura
apoyó la palma de su mano
en la parte superior derecha de mi corazón
como si jurase la resurrección.

DE PRONTO

De pronto mi cráneo
se ciñe de versos huelguistas.
Han sido comidos pero llegan bien
a sacudir mi cerebro en el aire.

RELÁMPAGOS

Padre, ¿por qué te apenas?
Se volvió de lado. Así, hola.
Y mañana serás perdiz.
No olvides que en pocos días
tenemos que trillar
tantos y tantos relámpagos.

Ay, dejadme
porque sé quemarme
en sus ojos.

Sus besos se volvieron
pura cera de abejas
en mis entrañas.

BRIDAS DE ÉPOCA

Perdí las bridas de mi época
y me devoró su lodazal.
Ahora mantengo apretadamente en mis puños
tres versos como clavos,
cinco o seis aceitunas comestibles del cielo
hundidas en la luz del sol.
Para no ser salivazo en labios del amor.
Para no decir al pan panecillo
cuando me encuentren endurecido
en algún barranco.

Mira cómo se inclina
como serbal
en mis palabras.

Cogió fríamente.
Visto con perdón
un error que se lamenta.

EL FORRO DE MIS OJOS

Eh, ¡sí entonces! Desde que me acosan
las horas de las partidas y las llegadas
de todos los versos del mañana
cambia el forro de mis ojos
y el mundo se endulza.
Se vuelve más humano.

Deslumbramiento de su pecho
mirlo sin llanto
en naranjo.

UN DÍA

Un día pisoteaba el sueño y le arrancaba las
    uñas.
Ahora visita una a una las tabernas
para invitarlo a copas
llenas de vino dulce,
entra y lo engatusa.

Latido mío
en sus enaguas
cincha bordada.

CÉLULAS DE CORAZÓN

Eh, entonces, lo dijo y lo hizo.
Con una ternura insuperable
cogió las células de mi corazón
y las sujetó con pinzas
a sus rubios cabellos.
De pronto sus azulísimos ojos
comenzaron a producir en abundancia
prematuros cielos de dos frutos.

Pequeño azahar
patina
en Melisona.

PALABRAS

En otro tiempo cantaban las palabras
con excepciones y cánones.
Y en otro tiempo en el apogeo
de la fiesta las colgaban sin declinar
en los sótanos como asesinas.
Ah, sí, hoy las temen mucho
como al hambre rojísimo
jactancioso del lobo
y sin demora
las desarraigan una a una
para venderlas en los bazares
de tiempos frenéticos
vas y no economizan ninguna moneda.

Palabras en deslumbramiento
las degüellan con cortaplumas
para que no engendren.

¡He aquí en lo que me convertí!
En la palma de su mano
dos gotas de miel.

La roca dice:
«Sol, dame pensamiento
para patalear».

El mundo se derrite
como vieja república
condenada a cadena perpetua.

LAS CUENCAS DE SUS OJOS

Pienso... pienso después
de cientos de miles de años
en las cuencas de sus ojos
que me martirizan sin duda alguna.
Y yo haciéndoles compañía
apresuradamente les regalo
sabrosos taninos de jugoso
cielo recién cortado.
Ay, esas cuencas de su ojos
como espiritoso monovarietal del sábado.
Dios mío, qué dulce embriaguez ansiada
su resistencia impresionante
en la sequía de tantos siglos.
Dios mío... Dios mío, protege.
Cómo crecen, Dios mío.

SUEÑOS

Sueños, ¿no me pesáis ya?
Os vaciaré el rincón.
Recojo con esbeltos movimientos
mis bártulos y me voy.
Mirad únicamente
que no los arrojéis
al sueño y la holgazanería.

Versos desamparados
despedazados
desenvainan.

EXPERIENCIA DE SIGLOS

Tenía tanta hambre
que sangraba
desesperación.
Me dio a comer
sus dulcísimos besos.
De pronto me harté de experiencia
de siglos turistas.
Y me volví propietario de los cielos.

COMIDA POBRE

¿Qué desea esta vida?
Una playa, un sueño
y un poemita
como pobre comida.

PRIMERA PALABRITA

Deseo que me hienda
por completo y más hondamente.
Como la primera tremulante
palabrita suya sin ortografía en papel.

Arruguita suya
en abrigo de mi alma
se volvió de pronto.

Como doble jazmín
la lancé al pecho.
La respiro.

Servíos.
Mi sangre se ensanchaba
en voz baja.

SEMILLAS DE SUEÑOS

Sopla sonrisas despedazadas.
Y yo esparzo sanas semillas de mis sueños.
Que aparezcan, que se sacien
las almas de los hombres
y las avecillas huérfanas.

EN SU CUELLO

Quisiera haber nacido
en su propio cuello,
como fiebre seducida.
Deslizarme en los pliegues de su garganta.
Pintar los sonidos de su sangre.
Escuchar los colores de sus pulsos.
Saborear las partituras espontáneas
de sus células.

A menudo le digo
amo tu sueño
que es agua bendita.

Los con y los peros
prueban sus papeles
tras la muerte.

Velero
desbordado de arcángeles
apaleados por el mar.

MIRLO CIEGO

Revoloteo en la festiva
humedad de sus besos
como mirlo ciego
que fue cogido en la trampa.
Busco mi alimento
en su respiración hambrienta.

BESO

Mi madre hacía su señal de la cruz
y con un sencillo beso de seda
engatusaba lo sabroso del cielo.
Para hacerlo bobina.
Después deshacía mi cama
y la introducía muy al fondo.
Para que yo tuviera como dote
dos dramas de sueño fresco
que respira la suficiencia de las estrellas.

FRANCO DEL CIELO

Cojo su beso y lo lanzo
al bolsillo de mi pantalón.
Para tener como monedillas
un franco del cielo.

Ayer diez metros
de cielo compré.
Para sacar provecho.

Pensamiento de corteza fina
construye puentes
para que pasen las palabras.

MIGAJAS

Un día sorprendí a mi madre
acariciando algunas
tiernas migajas
que caían a nuestra mesa
de la artesa del cielo.
Desde entonces saboreo
la perseverancia
de lo inevitable.
Y me sacio del sonoro «santifica»
del lamento de la humillación.
Y calmo la sed con las tiernas
fusiones de las nubes.

¡Oh!, gorrioncillo
de audacia eterna
desentierra escalofríos.

EN OTRO TIEMPO

En otro tiempo velaban
en mi celda los versos.
Y tomaban aceite del candil
para crucificar mis arrodillamientos.
De pronto, diríais, me endulzaba
y brillaba de juventud.
Sin embargo, he aquí que mi fruto maduró.
Me elevé. ¡De acuerdo! Crecí bastante.
No resisto mucho las bajas temperaturas.
Satisfecho entonces envío muchos
papeles de referencia y les escribo
sobre la inflamación y el dolor
de mis articulaciones.
Ahora ya no me juegan con los dedos.
No charlan conmigo.
No participan en las escuelas de mis heridas.
No tienen confianza en mí.
Me dejan que me aburra.

Me elevé. ¡De acuerdo! Crecí bastante.
Ahora ya me constipo incluso
por los ojos de la cerradura de mis ojos

AORTA

¡Lo escuchaste correctamente!
Tengo abierta la aorta del mundo.
Durante la duración de la intervención
con pinzas de escalofrío quito
ateromas de tristeza de nacimiento.
Y mientras brotan vasos de consuelo
en una exaltación recién nacida
presento con el debido respeto
mi tesis doctoral.

Riega despacio
una macetita en Córdoba
con su verde beso.

Llueve impetuosamente
dentro de mí la blancura
de su cuello.

HACE ALGÚN TIEMPO

Ni siquiera un punto
soy capaz
de cambiar.
Y sin embargo
hace algún tiempo
busco una palabra
casera.
Para explicarle
desde cuándo dura
mi gorro.
Para hacerle
la mesa.
Para jurarle
eterna fe
y dedicación.
Para testimoniarle
todo.
Y después para
darle completo
mi fondo y que
me consuele
como un pequeño lago con

peces de oro.
Ni siquiera una coma
soy capaz
de cambiar.
Y sin embargo hace
algún tiempo
busco una palabra que
se mantenga de chimenea.
Entras y se curará
mi cólera por el cielo.
Ahora además si supiera
mis alfombras
me abofetearía
doblándome la máscara
y me trepanaría
el cerebro.
Puesto que fui y
me hundí
tras el pecho
del mundo
como herida abierta.
Para convertirme dos
veces en pecador.
Ni siquiera un apóstrofe
soy capaz

de cambiar.
Y sin embargo hace
algún tiempo
busco el último
cuerpo
de una palabra de
generación arrogante.
Para que me picotee
con su pico como
vegetación de ignorancia.

UN MUNDO

En años muy antiguos
vivía un mundo sencillo
que olía a benjuí.
Y vagaba por las callejas
días enteros con una Luna
clavada en el pecho
buscando desesperadamente
frescos granos sin lágrimas de paciencia
para alimentar la masa de su orgullo.
Y sí, apoyaba las galas de sus lágrimas
en el barquito de una primavera robusta.
Hasta que, de pronto, sin comprenderlo,
perdió a los dados su compostura
maldiciendo entre sus dientes
la nueva sombra arbórea de su suerte.
Y le quedaban como prenda
los regates de sus sueños
sus pequeños nombres
para que no quedasen en una rama verde.
Puesto que todas ellas no juegan por dinero
sino por su famosa franela.

Ah, mundo, si supieras
que desde la matriz de mi pobre madre
me hice trocitos vistiendo
las charreteras de tu dolor solitario.

Escribo claramente
el sedoso rumor
de tus párpados.

MADRE

Calla, calla, madre. Pasa el tiempo.
Apiádate de mí... Déjame descansar.
¿Me oyes, madre? Sí... estoy cansado
de buscar una oca de patria
de polen dotado
para disolver la recaída
de mis inevitables dolores.
No te enojes... no te enojes, madre,
y dame tu bendición
ahora que realicé trenza a trenza
la acústica del desorden
de mis ociosos sueños.
Ay, madre de nube
con aceite vertido del alma
con que arderán mis entrañas
que se volvieron de pronto
cántico de tiempos rufianes.

ESCÁNDALO

Ah, ya no me sostengo.
Creo que me desmayo.
En la sala de autopsias cubrieron
con un sudario agujereado
el cuerpo ahuesado
de mis narraciones ilustradas.
Ah, sí, ahora me rodean las víboras.
Finalmente se produjo el escándalo.
Desdeñaron los más pequeños
movimientos de mis heridas.
Desenraizaron de pronto de mi pecho
brotes de suspiros
y me dejaron caído boca arriba
en el altar de las palabras hemofílicas.
Insisto, se produjo el escándalo.

MIS ENTRAÑAS

¿No escucháis el gorgoteo
que hacen mis entrañas?
Enterré en mí oportunamente un rico cielo.
Para saciarme. Para tragarlo.
¿Veis? Se negó a abrir sus manos
y a darme dos ocas de aplastamiento carnal.
Ahora deshecho remienda
puños rotos
de mis días estériles. Sí,
profundamente enterrado en sepia de un salto
nace de nuevo, piensas.
Y siente que no es
un curioso cielo sobrante
que quema únicamente
las siembras y las zarzas
de un nocturno sufrimiento marino.
¿No escucháis el gorgoteo
que hacen mis entrañas?
Enterré en mí oportunamente un rico cielo.
Perdonando todos sus pecados.

LA LLAVE

Recuerdo antes de irme de la casa
que mi madre me atormentaba diciéndome:
«Ten cuidado porque ¿te crees que eres
todo el mundo? Un pequeño patio así.
Una trampa desde la mañana a la noche».
Y me dio la llave de la esperanza
que tenía la floración de la lila
para que la metiese en el bolsillo
de mi pantalón.
¡Imagínate! Sin contar
los infinitos rodeos de los años
que rodaron en mis manos,
olvidé de pronto aquella llave.
Y el mundo de pronto refunfuñó.
Y dejó de oler
a jabón verde y a lejía.
Se convirtió, además, en un tísico insulto
que viene de lejos y se encerró
en un sanatorio del dolor.
Y yo estoy cerca de enloquecer.

SUERTE

Os iniciaré
en algo
que no conocisteis
hasta ahora.
Por mi buena o mala
suerte
provengo de un
sueño acomodado
que adivina la
insolencia de
mis pensamientos
arremangados.
Y con toda su sangre
caliente riega
las olas oceánicas
de mi pequeñez.

LUNA

Necesito suelas nuevas
dice a su humeante delirio
la Luna y tirita todo su cuerpo.
Ay, niño y alfa amor,
cuida mucho de tus palabras
no vayan a destrozar
las rimas de tu listeza
y se iluminen los silos
de sus confidencias.
De otra manera, despertará con tono receloso
sumergiéndose de pronto en mis entrañas.
Y entonces cómo resistir
sus chapoteos alborotadores
sufriendo que se agarre
de los hoyuelos de mi compasión.

SÓPLAME

Ah, amigo mundo, sóplame.
Sóplame y quedarán
abiertas, completamente abiertas,
las ventanas de mi alma
para que entres y salgas.
Sóplame para sentir
que mi destino cruje.

ÍNDICE

ÍNDICE